봉하마을 들콩 소년
노무현 이야기

봉하 마을 돌콩 소년
노무현 이야기

1판 1쇄 인쇄 2018년 4월 10일
1판 1쇄 펴냄 2018년 4월 20일

지은이 —— 이종은
그 림 —— 문윤형
펴낸이 —— 최성재
펴낸곳 —— 도서출판 노루궁뎅이
　　　　　출판등록 2011년 10월 24일 제101-91-28648
　　　　　전화 070-4156-2292 팩스 02-6280-2292

ISBN 978-89-6765-390-3 73810

● 이 책은 저작권법에 따라 보호받는 저작물이므로 무단전재와 무단복제를 금지하며,
　이 책 내용의 전부 또는 일부를 인용하려면 반드시 저작권자와 노루궁뎅이의 동의를 받아야 합니다.
● 잘못된 책은 바꿔 드립니다.
● 책값은 뒤표지에 있습니다.

노루궁뎅이는 여름에서 가을까지 졸참나무나 떡갈나무 등 활엽수의 줄기에 한 개씩 자라는 버섯 이름입니다.

봉하마을 돌콩 소년
노무현 이야기

이종은 글 · 문윤형 그림

노루궁뎅이

차례

머리말 · 돌콩에게 가난은 또 다른 스승이었다 / 6

기성회비 안 낸 사람 손들어! / 9
제가 도둑질을 했어요 / 37
내 필통 돌려줘! / 55

용녀가 나를 보고 웃었다 / 69

가난뱅이 자식! / 85

내가 전교 회장이라고? / 101

머리말

돌콩에게 가난은 또 다른 스승이었다

노무현의 어릴 적 별명은 '돌콩'과 '노천재'였어요. 키가 작아서 '돌콩', 공부를 잘하고 아는 것도 많아서 '노천재'였죠.

돌콩의 고향인 봉하 마을은 비가 많이 내리면 낙동강 물이 범람해 농작물을 모조리 쓸어가는 빈촌이었고, 돌콩의 집도 몹시 가난했어요. 1953년부터 진영대창국민학교(지금의 초등학교)에 다닌 돌콩은 집안이 워낙 가난해서 결석이 잦았어요. 돌콩은 '가난뱅이 집 자식'이라는 말을 가장 듣기 싫어했어요. 그 일로 잘 사는 읍내 아이들과 못 사는 산골 아이들 간에 패싸움이 종종 일어나고는 했는데, 돌콩은 가난한 아이들의 중심이 되어 맞서고는 했어요. 훗날 돌콩은 에세이집에 '가난의 상처는 나의 잠재의식 속에 어떻게 해서라도 나만은 가난에서 벗어나야겠다는 열망과 함께 모두가 가난하지 않은 세상을 만들고 싶다는 막연한 꿈을 동시에 심어줬던 것 같다.'고 썼어요. 돌콩은 자존심이 강해서 꾸중 듣는 걸 싫어한 '범생'이었지만 그 자존심이 엉뚱한 방향으로 발휘되기도 했어요. 자서전에는 어수룩한 급우를 꾀어 그 친구의 새 필통을 자신의 헌 필통과 바꾸었다가 망신당한 일, 사친회비(기성회비)를 내지 못해 교실에서 쫓겨난 일, 읍내 부잣집 급우의 가죽 책가방을 면도칼로 찢어버린 부끄러운 일도 있었다고 쓰여 있어요.

6학년 때 담임 선생님의 권유로 전교 회장에 출마했는데 그 일은 돌콩에게 많은 변화를 안겨주기에 충분했어요. 가난하더라도 용기를 잃지 않는다면 기회는 얼마든지 있다는 자신감을 얻었으니까요. 그 자신감은 훗날까지 돌콩을 지켜주는 큰 힘이 되었어요. 하지만 돈이 없어서 중학교도 외상으로 입학했고, 그마저 집안 형편이 더 어려워져서 1년간 휴학을 할 정도였어요. 장학금을 받아 가까스로 중학교를 졸업한 뒤 부산상고로 입학했어요. 그리고 고등학교를 졸업한 뒤에 막노동을 하며 사법 고시 공부에 매달렸어요. 그러다 1975년 30세에 제17회 사법 시험에 합격했어요. 그 뒤 판사, 국회의원, 장관 등을 거쳐 2002년 제16대 대통령 선거에 당선되었어요.

돌콩에게 어릴 적의 가난은 스승과 다를 바 없었어요. '사람 사는 세상'의 꿈을 꾸게 해준 또 다른 스승. 우리는 이 책을 통해 돌콩 노무현이 지독한 가난 속에서 겪어낸 유년의 성장통뿐만 아니라 가난에 굴복하지 않고 당당하게 맞서는 돌콩 노무현의 모습을 잘 이해할 수 있을 거예요.

이종은

"이 지긋지긋한 가난은 누가 훔쳐가지도 않네요."
"그럴수록 정신을 바짝 차려야지. 그래야 귀신같은 가난한테 먹히질 않지."
간혹 부모님은 그런 말을 주고받는다.
그렇게 하루도 쉬지 않고 돈을 벌어도 두 형님과 두 누나, 돌콩 학비와 생활비를 만들기가 늘 빠듯하기만 했다.

기성회비 안 낸 사람 손들어!

눈부신 바깥. 나뭇가지에 앉아 있던 참새들이 햇살을 박차듯 솟구쳐 날아올랐다. 참새들이 날아가는 방향으로 앞산이 보였다. 눈을 가늘게 떠야 보였던 연두색 잎사귀들이 어느새 앞산을 파랗게 물들여 놓았다. 교실의 아이들은 뜨거운 오후 햇살을 못 이기고 꾸벅꾸벅 졸거나 창밖을 기웃거리며 수업 끝나는 종이 울리기를 기다렸다.

돌콩도 턱을 괴고 창밖을 내다보았다. 초록빛으로 물든 나뭇잎, 맑은 하늘, 따뜻한 햇살이 빨리 밖으로 나오라고 재촉하는 것만 같았다.

"땡땡땡……."

마침내 수업이 끝나는 종이 울렸다.

"졸려서 죽는 줄 알았어."

"종이 울리니까 잠이 확 달아나네."

아이들은 책상 위에 펼쳐놓은 책과 공책을 챙기느라 분주했다.

"기성회비● 안 낸 사람 손들어!"

선생님이 큰 소리로 말했다.

돌콩은 슬그머니 손을 올렸다. 열 명 정도의 아이들도 쭈뼛거리며 손을 올렸다.

"내일까지 다 갖고 오도록! 만일 못 갖고 오겠거든 학교에 아예 오지 말아라! 알았나?"

돌콩은 세상에서 기성회비 가져오라는 선생님 말이 제일 싫다. 귀에 못이 박히도록 듣는 소리다. 그 소리만 들으면 넌덜머리가 날 지경이었다.

"예……."

● 기성회비 : 부모가 학교의 운영에 필요한 재정을 돕기 위하여 내는 돈. 국민학교(초등학교)는 1972년에 농어촌 지역에서부터 단계적으로 폐지하여 1997년부터는 전면 폐지하였다.

몇 명 아이들이 시무룩하게 대답했다. 이미 기성회비를 낸 아이들은 괜히 자랑스러운 표정을 지었다.

"너희 때문에 단체 기합받기 싫으니까 내일은 꼭 가져와. 알았지?"

짝꿍 승호가 돌콩을 툭 치며 약을 올렸다.

"너 죽을래?"

돌콩은 괜히 죄 없는 승호한테 주먹을 바짝 들이밀었다. 승호 말이 틀린 것은 아니다. 지난달에도 기성회비를 못 낸 애들 때문에 단체 기합을 받았으니까.

"돌콩! 알아들었나?"

선생님이 갑자기 돌콩을 불렀다.

"예, 선생님!"

돌콩은 얼결에 우렁차게 대답했다.

"돌콩, 언제나 대답은 시원시원해서 좋다."

선생님 말에 아이들이 와르르 웃음을 터뜨렸다. 승호도 돌콩을 향해 메롱 혀를 내밀어보였다.

돌콩은 노무현 별명이다. 아이들은 물론이고 선생님도 이름 대신 돌콩으로 부를 때가 많다.

"큰일이네……."

돌콩은 속으로 한숨을 쉬며 창밖을 보았다. 애들이 창틀에 먹을 것을 떨어뜨려 놨는지 참새 몇 마리가 꽁무니를 쳐든 채 뭔가를 쪼고 있다.

어머니는 거의 매일 장사를 나간다. 주로 마을에서 40리나 떨어진 마산까지 장사를 하러 간다. 요즘은 고구마순이나 딸기를 내다 팔고 있다.

돌콩은 어머니가 머리에 뭔가를 이고 들판을 걸어가는 모습을 볼 때마다 괜히 우울해진다.

아버지도 취로사업*을 나가 돈을 벌어 온다. 먼 곳까지 일을 하러 가는 날이면 새벽에 집을 나섰다가 밤늦게야 돌아온다.

"이 지긋지긋한 가난은 누가 훔쳐가지도 않네요."

"그럴수록 정신을 바짝 차려야지. 그래야 귀신같은 가난

• 취로사업 : 영세 근로자의 생계를 돕기 위하여 정부에서 실시하는 사업. 주로 제방이나 하천, 도로 따위의 사업장에서 일을 하게 된다. '생계 지원 사업'으로 순화.

한테 먹히질 않지."

간혹 부모님은 그런 말을 주고받는다.

그렇게 하루도 쉬지 않고 돈을 벌어도 두 형님과 두 누나, 돌콩 학비와 생활비를 만들기가 늘 빠듯하기만 했다.

그러니 기성회비를 낼 때가 되어도 말을 할 수가 없다. 말해 봤자 없는 돈이 생길 리도 없다. 생각만 해도 막막할 따름이다.

"선생님은 기성회비 귀신이 붙었나 봐. 왜 맨날 기성회비 가져오란 말만 하는 거야?"

앞자리의 민규가 투덜거리는 소리가 들렸다.

하루라도 부자로 살아보는 것. 돌콩은 이 소망을 한시도 잊은 적이 없다. 하지만 기우뚱해진 대들보처럼 기운 집안이 일어서기란 하늘의 별 따기만큼이나 어려운 일 같았다. 그래도 돌콩은 크게 걱정하지 않는다.

"괜찮아 괜찮아."

돌콩은 혼잣말을 하며 마음을 다독였다.

"야, 우리 칡 캐러 가자. 이따만큼 굵은 칡이 어딨는지 내가 잘 알아. 같이 안 갈래?"

돌콩은 승호를 보며 팔을 크게 벌려 보였다.

"안 돼. 소 꼴 베러 가야 돼."

승호가 고개를 살래살래 저었다. 돌콩이 사는 마을은 대부분 가난하다. 소 한 마리만 있어도 엄청난 부자로 인정받는다. 소가 있는 집 아이들은 학교가 끝나면 집으로 돌아가 꼴망태를 메고 들로 산으로 나간다. 어느 때는 풀이 많은 곳으로 소를 몰고 나가기도 한다. 소를 배불리 먹여야 무럭무럭 잘 자라고, 새끼도 쑥쑥 낳는다. 그렇게 태어난 새끼는 그 집을 서서히 일어서게 해준다.

"우리 소는 세상에서 가장 튼튼하고 힘도 세. 소싸움 나가면 우리 소가 일등 할 거야."

소가 있는 집 아이들은 마치 자기가 부자인 것처럼 뻐기기도 한다.

"내가 꼴망태를 꽉꽉 채워 줄게. 가자, 응?"

• 꼴망태 : 소나 말이 먹을 꼴을 베어 담는 도구. 주로 대나무나 칡덩굴로 만든다.

돌콩은 승호를 다시 꼬드겼다.

"정말? 너 거짓말 않기다!"

승호가 돌콩 앞으로 새끼손가락을 내밀었다.

"그래그래, 알았어!"

돌콩은 자신만만하게 대답했다. 소를 몰고 들판을 걸을 수 있다는 생각만으로도 기분이 좋았다.

"승호야, 너네 소는 내가 주는 풀이 맛있나 봐. 그치?"

돌콩은 승호한테 자랑스럽게 떠들었다.

학교에서 집까지는 십 리나 떨어져 있다. 아무 놀이도 없이 장난도 안 치고 가기에는 너무 먼 거리다. 그래서 돌콩은 학교가 끝날 시간이 다가오면 오늘은 무슨 놀이를 할까, 궁리하느라 머릿속이 분주해진다. 등굣길에 잡다 놓친 남생이도 찾아봐야 하고, 보리나 밀을 서리˚해서 먹어야 하고, 칡도 캐 먹어야 하고, 대나무 낚시도 해야 하고, 자치기˚˚나 전쟁

• 서리 : 떼를 지어 남의 과일, 곡식, 가축 따위를 훔쳐 먹는 장난.

•• 자치기 : 아이들 놀이의 하나. 정해진 순서에 따라 여러 방법으로 짤막한 나무토막을 긴 막대기로 쳐서 날아간 거리를 재어 승부를 정한다.

놀이도 해야 하고……. 친구들과 함께하면 재미있는 놀이가 얼마나 많은지 모른다. 그렇게 놀다 보면 십 리나 떨어진 집도 가깝기만 하다.

돌콩은 요만한 일에도 신명을 내며 함께 놀 수 있는 친구들이 참 좋다. 가끔씩은 말도 안 되는 일로 아옹다옹 말다툼을 하고 주먹질을 할 때도 있지만 그때뿐이다.

"얘들아, 가자!"

돌콩이 외치자 친구들이 합창하듯 대답했다.

"그래그래, 돌콩!"

친구들 중에서 돌콩 키가 가장 작다. 그렇지만 달리기도 일등, 장난도 일등, 말썽부리기도 일등이다. 당연히 친구 사이에서 돌콩 인기는 항상 최고다. 돌콩과 함께 다니면 재미있는 일이 엄청 많기 때문이다.

교문을 나서면 곧바로 들판이 나온다. 보리와 밀이 익어 가는 냄새, 지지배배 종다리 소리, 달큰한 감꽃 냄새, 하루가 다르게 살이 오르는 오이와 가지들이 내뿜는 냄새……. 들판은 그런 냄새들과 여러 소리들이 어우러져 빈자리가 한

군데도 없다.

"오늘은 무슨 놀이를 할까? 냇가에서 물고기 잡아서 구워 먹을까?"

"그래그래, 그게 좋겠다."

"망태가 없잖아. 물고기는 다음에 잡고 오늘은 전쟁놀이 어때?"

"그래그래, 그것도 괜찮네."

"전쟁놀이는 어제 했으니까 오늘은 새 잡으러 갈까?"

"그래그래, 그것도 좋네."

애들은 뭐든지 그래그래, 추임새 넣듯 대꾸한다.

"돌콩 네가 이따만큼 큰 칡 있다고 했잖아."

승호가 아까 돌콩이 그랬던 것처럼 팔을 크게 벌리며 물었다. 꼬르륵~ 누군가의 배꼽시계가 요란하게 울렸다. 그 소리를 들은 돌콩은 망설이지 않고 대답했다.

"나한테 엄청 좋은 생각이 있어."

"뭔데?"

"칡은 나중에 캐고 오늘은 밀 서리부터 하는 거야."

돌콩 말에 아이들 표정이 금방 환해졌다.

"밀 서리 하다 들키면 몽땅 돌콩 네 탓이다!"

"저번처럼 우리만 남겨두고 도망치기 없기야?"

"그래그래, 알았다니까!"

돌콩과 아이들은 밀밭을 향해 달렸다. 밀밭에서 놀던 꿩들이 푸드덕~ 요란한 소리를 내며 달아났다. 살금살금 꿩을 쫓던 고양이 한 마리도 떼 지어 달려오는 아이들을 보고 혼비백산 줄행랑을 쳤다.

"밀 서리 하다 들키면 어쩌지?"

승호가 은근슬쩍 걱정스러운 모양이다.

"괜찮아 괜찮아."

"이 밀밭 주인 할아버지는 소문난 파수꾼이야. 지금도 어디에서 지켜보고 있을지 모르잖아……."

"괜찮아 괜찮다니까. 엉터리 파수꾼이야. 나한테 아주 좋은 생각이 있으니까 나만 믿어."

돌콩은 승호를 안심시켰다. 실은 좋은 생각 따위는 없었다. 겁먹은 승호를 안심시키려고 그냥 한 말이다.

"돌콩 네가 있어서 정말 다행이다. 난 너만 믿어."

승호가 활짝 웃었다. 돌콩의 뱃속에서도 꼬르륵, 요란한 소리가 들렸다. 어제 저녁에는 메밀 죽을 먹고, 오늘 아침에는 쑥과 보릿겨를 비벼 만든 개떡*을 먹은 것이 전부다.

"성냥은 나한테 있어."

"밀은 내가 꺾어 올게."

밀밭으로 들어가 밀을 꺾는 아이, 나뭇잎과 나뭇가지를 줍는 아이, 공책을 부채 삼아 불씨를 살리려고 준비하는 아이……. 아이들은 신명을 내며 제 할 일을 했다.

마른 나뭇가지와 나뭇잎을 모아 불을 붙이고 밀이 타지 않게 익히는 일은 아주 쉽다. 어려서부터 수없이 해본 일이니 당연하다. 아이들은 고소하게 익어가는 밀을 보며 꼴깍꼴깍 침을 삼켰다.

"아, 이 꼬순 냄새. 나는 밀 익는 냄새가 세상에서 제일 맛있는 것 같아."

- 개떡 : 밀이나 메밀을 갈아서 채에 밭치고 남은 찌꺼기나 껍질 또는 보리에서 보리쌀을 내고 남은 속겨 따위를 반죽하여 아무렇게나 찐 떡

"저번에는 보리 익는 냄새가 제일 맛있다면서?"

"그래그래, 그때는 그랬어."

아이들은 고소한 냄새를 풍기며 익어가는 밀을 보며 싱글벙글이었다.

"됐다 됐어. 다 익었으니까 먹자!"

아이들은 익은 밀을 손바닥에 올려놓고 후후, 껍질을 불어 날린 뒤 한입에 털어 넣었다.

"우와, 진짜 맛있다."

"그래그래, 진짜 맛있다. 우리 내일 또 해 먹자."

아이들은 까만 재가 묻은 손을 친구 얼굴에 쓱 문지르며 서로 장난을 쳤다.

"우리 여자애들 놀려 주자."

돌콩은 재빨리 밀밭으로 뛰어 들어갔다. 그리고 깜부기를 뽑아 얼굴을 새까맣게 칠하기 시작했다. 친구들도 부지런히 깜부기를 뽑았다.

- 깜부기 : 곡식의 이삭이 까만 가루로 변하는 깜부깃병에 걸려서 까맣게 된 곡식 따위의 이삭.

"야, 더 칠해. 이마랑 코도 칠해."

"히히, 입술도 깜둥이다."

아이들은 서로를 놀리며 낄낄거렸다. 몇 명은 나뭇가지로 땅을 파고, 몇 명은 고무신으로 물을 퍼 오느라 분주했다.

"여자애들을 속이려면 웅덩이를 깊게 파야 해."

"으히히, 이 정도면 충분해."

아이들은 한 뼘 깊이로 판 웅덩이에 물을 채운 뒤에 이파리가 달린 플라타너스 잔가지를 얼기설기 올려놓았다.

"야, 저기 여자애들 온다. 모두 숨어."

"숨어!"

아이들은 우르르 밀밭으로 몸을 숨겼다. 여자애들은 아카시 잎으로 가위바위보 놀이를 하느라 아무것도 눈치채지 못했다.

"오늘은 제대로 골탕 먹일 수 있겠는걸."

밀밭에 납작 엎드린 남자애들은 킥킥킥, 재미있어 죽겠다는 표정이다. 드디어 여자애들이 웅덩이 가까이 다가왔다. 그 순간 돌콩 심장이 아주 빠르게 뛰었다. 여자애들 사이에 용녀가 끼어 있었다. 이상하게 돌콩은 용녀만 보면 눈앞이 하얘지고 온몸의 힘이 쫘악 빠지는 것 같았다.

"엄마야!"

"난 몰라! 물에 빠졌어!"

여자애들의 비명 소리가 날카롭게 들려왔다.

"우리는 도깨비다!"

"이히히~ 너희를 잡아가려고 왔다!"

남자아이들이 꽥꽥 소리를 지르며 뛰어나갔다. 하지만 여자애들은 눈 하나 꿈쩍하지 않았다. 하도 여러 차례 당해서 놀랄 일도 아니다. 그냥 씩씩대며 까맣게 검댕 칠을 한 남자애들을 노려볼 뿐이다.

"야, 돌콩! 너 죽을래?"

용녀가 갑자기 돌을 집어 돌콩한테 던졌다. 그러자 다른 여자애들도 덩달아 돌을 집어들었다.

"오늘은 정말 가만 안 둘 거야!"

"왜 맨날 장난만 치는데?"

돌콩이 돌을 피하는 사이에 승호가 죽은 뱀을 나뭇가지

로 집었다.

"엄마야! 뱀이다!"

"으악! 뱀이야!"

여자애들이 기겁을 하며 도망쳤다.

"돌콩! 너는 세상에서 제일 나쁜 사고뭉치야!"

달아나던 용녀가 다시 돌을 던지며 소리쳤다. 이상하게 그 말이 돌콩 마음을 무겁게 했다.

"바보……"

돌콩은 속으로 중얼거렸다. 용녀는 읍내 양복점 집 딸이다. 얼굴도 예쁘고 공부도 잘한다. 당연히 용녀를 좋아하는 남자애들이 많다. 용녀만 보면 돌콩 가슴이 콩닥콩닥 뛰기 시작한 것은 작년 가을 운동회 날부터였다. 다리 묶고 달리기 경주를 할 때 용녀와 한 팀이었다. 손을 잡고 뛰는데 용녀 손이 엄청 따뜻했다. 그 뒤로 돌콩은 용녀만 생각해도 가슴이 두근거렸다. 하지만 아직 제대로 말 한 번 걸어보지 못했다. 되레 괜히 괴롭히거나 장난을 치고는 했다. 용녀 필통에 개구리 넣어두기, 고무줄 끊고 달아나기, 신발 감추기, 길

가 풀을 서로 묶어 놓아 걸려 넘어지게 하기…….

"돌콩! 꼭 후회하게 해줄 거야!"

"우리 오빠한테 일러서 너희 때려주라고 할 거야!"

돌콩한테 한 번이라도 당한 애들은 꼭 복수를 하겠다고 단단히 벼른다. 하지만 절대 쉬운 일이 아니다. 돌콩은 워낙 꾀가 많고 달리기도 잘하고 배짱이 좋아서 어지간해서는 걸려들지 않는다.

앞장서서 걷던 돌콩은 얼기설기 쌓은 풀섶을 발견했다.

"어림없지!"

돌콩은 가볍게 풀섶을 뛰어넘었다. 하지만 바로 뒤따라오던 수철은 악! 비명을 지르며 흠뻑 젖은 발을 쳐들었다.

"물구덩이에 빠졌어!"

여자애들이 큼직한 돌을 빼내고 그 안에 물을 채워놓은 모양이다. 돌콩은 재빨리 사방을 두리번거렸다. 짚 덤불 옆의 풀들이 흔들리면서 용녀의 감색 치맛자락이 살짝 보였다. 돌콩은 괜히 웃음이 났다. 용녀가 돌콩 자신에게 관심을 보이는 것만 같아서 기분이 좋았다.

버드나무 앞에서 새호가 주머니칼을 자랑했다.

"우리 형한테 하루만 빌려달라고 했어. 멋있지?"

새호는 주머니칼로 버드나무를 쓱 잘랐다. 손잡이도 튼튼하고, 칼날도 날카로워 보였다.

"우와, 진짜 칼 좋다!"

"그 칼 하나만 있으면 뭐든 만들 수 있겠다."

아이들이 새호를 에워쌌다.

"버들피리 갖고 싶은 사람은 말해."

새호는 금방 버들피리 하나를 만들었다.

"나도 좋은 것 있다 뭐."

이번에는 재규가 물총을 꺼내 보였다. 고무로 만든 물총인데 물을 담아 쏘면 먼 데까지 날릴 수 있다. 아이들은 주머니칼과 물총을 서로 만져 보겠다고 아우성이었다.

"꼬마도 아니고 물총 따위나 갖고 놀다니. 주머니칼도 이제 시시해. 나는 더 좋은 게 있거든."

• 버들피리 : 버들가지의 껍질로 만든 피리. 또는 버들잎을 접어 물고 피리 소리처럼 부는 것.

잘난 척 뻐기는 새호와 재규 때문에 돌콩은 자신도 모르게 거짓말을 했다.

"야, 네 주머니칼은 망가져서 버렸잖아."

"저번에 물총도 버렸으면서."

아이들은 돌콩 말을 안 믿는 눈치였다.

"너희도 내 주머니칼이랑 물총 재미있게 갖고 놀았잖아!"

돌콩은 버럭 소리를 질렀다. 망가져서 버린 주머니칼과 물총만 생각하면 괜히 신경이 날카로워졌다. 어떻게 손에 넣은 주머니칼과 물총인데…….

얼마 전, 돌콩은 주머니칼과 물총이 몹시 갖고 싶었다. 얼마나 갖고 싶었는지 주머니칼을 옆에 차고 물총을 쏘면서 적들과 싸우는 꿈을 꿀 정도였다.

"주머니칼이랑 물총 갖고 싶어요."

어머니한테 응석처럼 그렇게 말했지만, 어머니는 들은 척도 안 했다. 며칠 동안 궁리를 해봐도 좋은 생각이 떠오르질 않았다. 결국 돌콩은 거짓말을 하기로 했다.

"할 수 없어."

돌콩은 책값 통지서 숫자를 고쳤다. 그리고 그 돈으로 주머니칼과 물총을 샀다. 두 가지를 손에 넣었을 때는 세상에서 가장 큰 부자가 된 기분이었다. 그렇지만 잠잘 때 빼고는 손에서 놓지 않고 갖고 놀았더니 금방 망가지고 말았다. 친구들이 마음껏 갖고 놀게 한 것도 원인이었다. 아마 돌콩보다 친구들이 더 많이 갖고 놀았을 거다.

"내일 더 좋은 것 보여줄 수 있어. 놀라지 마."

돌콩은 뻐기듯 말했다. 정말 뭔가 새로운 것으로 친구들을 놀라게 해주고 싶었다.

"뭔데? 그게 뭔데?"

"그것도 우리가 갖고 놀게 해줄 거야?"

"당연하지. 다 같이 하면 정말 재미있는 일이거든."

돌콩은 크게 고개를 끄덕였다. 저리로 동네가 보였다. 봉화산 자락에 감싸이듯 40여 가구의 집들이 옹기종기 모여 있다. 워낙 깊은 산골이라 까마귀도 먹을 것이 없어 울고 간다는 말이 있을 정도로 가난한 마을이다.

"야, 돌콩! 꼴 베러 가자!"

승호가 소리치며 골목으로 달려갔다.

"내일 보자!"

다른 애들도 제각각 집으로 흩어졌다. 돌콩도 후닥닥 집 쪽으로 달렸다.

집 안은 텅 비어 있다. 작은형은 아직 학교에서 돌아오지 않았고, 꼬꼬 대며 병아리를 몰고 다니는 암탉도 보이지 않았다. 물그릇은 비어 있고 모이 그릇에는 파리만 까맣게 붙어 있다. 돌콩은 마루에 책보만 던져 놓고 집을 뛰어나갔다.

"야, 돌콩!"

소를 몰고 나오는 승호 어깨에는 꼴망태가 매달려 있다.

"이리 줘. 약속했으니까 내가 꼴망태 꽉꽉 채워 줄게."

돌콩은 승호한테서 꼴망태와 소고삐를 빼앗았다.

"맛있는 풀 실컷 뜯어 먹어라. 튼튼한 새끼 쑥쑥 낳게!"

돌콩은 소 등을 쓱쓱 쓰다듬었다.

"오늘은 자왕골로 가자."

돌콩은 이랴이랴, 우렁차게 소를 몰았다.

"우리 집에도 이렇게 튼튼한 소가 있으면 얼마나 좋을까?

송아지를 낳는 모습도 정말 멋있을 거야. 그런 기분은 소를 키우는 집 애만 알지……. 참 좋겠다."

당연히 승호가 엄청 부러웠다. 교실에서 승호한테 칡 캐러 가자고 했던 것도 이렇게 소를 직접 몰고 싶었기 때문이다.

"돌콩, 같이 가자!"

친구 몇 명이 소를 몰고 돌콩 뒤를 따라왔다.

가야 시대의 한 왕자가 살았다는 자왕골은 꽤 좋은 놀이터다. 아이들은 소를 골짜기에 몰아넣고 맑은 계곡물로 풍덩 뛰어들었다. 피라미나 버들치를 잡기도 하고, 바위를 미끄럼 타며 물싸움을 하기도 했다. 그러다 배가 고프면 다래를 따 먹고 칡을 캐 먹었다.

날씨가 따뜻해도 물속에 오래 있으니 입술이 파래졌다.

"예끼 이놈들! 달 뜰 때까지 놀 작정이야? 소들을 찬 이슬 맞힐 작정이야?"

밭일을 마치고 집으로 돌아가던 동네 할아버지가 크게 호통을 쳤다. 그때서야 아이들은 집으로 돌아갈 시간이 됐다는 걸 깨달았다.

날깃날깃 헤진 돈주머니 틈으로 종이돈이 보였다. 돌콩은 숨을 멈추고 돈주머니를 한동안 바라보았다. 가슴이 쿵쿵 요란하게 뛰었다.
"도둑질은 안 되는데……."
돌콩은 더럭 겁이 났다. 그렇지만 내일 친구들한테 멋진 것을 보여주겠다고 했던 말이 계속 머리를 맴돌았다.

제가 도둑질을 했어요

학교에서 돌아온 작은형이 마루에 걸터앉아 뭔가를 만들고 있다.

"형, 뭐 만들어?"

돌콩은 얼른 작은형 옆에 다가가 앉았다. 작은형은 손재주가 뛰어나서 웬만한 장난감은 직접 만든다. 오늘도 나무로 총을 만들었다.

"그 총 나 줘. 나 줘, 응?"

돌콩은 다짜고짜 떼를 썼다.

"안 돼. 내일 친구들이랑 총싸움하기로 했단 말이야."

작은형은 총을 등 뒤로 감추었다.

"형은 다시 만들면 되잖아!"

"필요하면 네가 직접 만들어!"

"정말 치사하게 이럴 거야!"

"저번에 네가 뺏어간 목각인형은 학교 숙제였단 말이야. 네가 뺏어가서 선생님한테 얼마나 혼났는데!"

이번에는 작은형이 장난감 총을 쉽게 내놓을 것 같지 않았다.

"선생님한테 혼만 났지 안 죽었잖아!"

돌콩은 소리를 지르며 막무가내로 떼를 썼다. 작은형 얼굴이 금방 울상이 되었다.

"야, 이 떼쟁이야! 네가 애기야! 왜 맨날 떼만 써!"

역시 이번에도 성공이다. 작은형은 화를 내며 총을 던져 버렸다. 작은형은 아무리 아끼는 장난감이라도 돌콩이 떼를 쓰면 줘버린다.

돌콩은 총을 들고 헛간의 닭 우리로 뛰어갔다.

"이 못된 수탉! 버르장머리 없이 내 신발에 똥을 갈겨! 오늘 네 버릇을 단단히 고쳐놓겠다!"

"이 겁 없는 수탉! 감히 내 발등을 쪼았겠다! 전쟁이닷!"

횃대에 앉아 있다 느닷없이 쫓기기 시작한 수탉이 장독으로 담벼락으로 달아나느라 한바탕 소동이 일어났다. 꽁지깃이 빠지고 붉은 볏에 상처를 입은 수탉이 지붕 위로 달아나고서야 닭과의 전쟁은 끝이 났다.

땀을 뻘뻘 흘리며 방으로 들어와 보니 어머니가 곤하게 자고 있다. 종일 장사를 하고 돌아온 어머니 얼굴이 몹시 피곤해 보였다. 마당에서 한바탕 전쟁이 벌어졌는데도 까맣게 모를 정도로 깊게 잠든 것 같았다. 돌콩은 살그머니 방을 나가려다 말고 우뚝 걸음을 멈추었다.

"아!"

심장이 딱 멈춰버리는 것 같았다. 어머니 머리맡에 돈주머니가 놓여 있다. 날깃날깃 헤진 돈주머니 틈으로 종이돈이 보였다. 돌콩은 숨을 멈추고 돈주머니를 한동안 바라보았다. 가슴이 쿵쿵 요란하게 뛰었다.

"도둑질은 안 되는데……."

돌콩은 더럭 겁이 났다. 그렇지만 내일 친구들한테 멋진 것을 보여주겠다고 했던 말이 계속 머리를 맴돌았다. 기성회비를 가져오지 못하면 학교에 오지 말라고 했던 선생님 말도 떠올랐다. 돌콩은 살금살금 돈주머니를 열었다. 온몸이 덜덜 떨렸지만 눈을 질끈 감고 주머니 안으로 손을 쑥 넣었다.

"딱 한 번만 도둑질하고 죽을 때까지 절대 안 할 거야. 절대로!"

고양이걸음으로 방문을 나서는 돌콩 손에 돈이 들려 있었다. 두근거림은 좀처럼 가라앉지 않았다. 숨도 제대로 못 쉴 정도였다. 주머니칼과 물총을 사고 싶어서 책값 통지서를 고칠 때도 이 정도는 아니었는데…….

그날 밤, 돌콩은 곁눈질로 부모님 얼굴만 살폈다.

"우리 막내가 왜 그렇게 얌전해? 오늘은 또 무슨 사고를 친 거야."

아버지가 무심코 물었다.

"아뇨! 절대 안 쳤어요!"

돌콩은 화들짝 놀라 대답했다.

돌콩은 밤새 잠을 이루지 못했다. 찢어진 창호지로 달빛이 쏟아지고 있다. 다른 날보다 훨씬 환한 달빛이었다. 바깥은 환한데 돌콩 마음은 어두운 동굴에 갇힌 것처럼 답답하기까지 했다. 역시 도둑질은 할 짓이 절대 아니다.

밤새 소쩍새가 소쩍소쩍 쉬지않고 울어댔다. 귓가에 쟁쟁 울리는 개구리 울음소리도 다른 날보다 훨씬 시끄러웠다. 이래저래 잠을 설치고 말았다.

새벽녘에 자리에서 일어난 돌콩은 잠시 망설였다.

"지금이라도 돌려드릴까……."

그렇지만 친구들한테 주머니칼이나 물총보다 더 근사한 것을 보여주겠다고 큰소리를 쳤는데 빈손으로 간다면 체면이 말이 아닐 것 같았다.

돌콩은 아침도 먹지 않은 채 도망치듯 집을 나섰다.

아침 바람이 선선했다. 하지만 한 번도 쉬지 않고 학교까지 뛰느라 온몸이 땀범벅이 되었다. 책보 안의 낡은 필통이 딸그락딸그락 요란한 소리를 내며 돌콩 뒤를 쫓았다.

"애들아! 모두 나 따라와!"

교문 앞에서 아이들을 기다린 돌콩은 앞장서서 산 쪽으로 향했다.

"무슨 일인데, 돌콩!"

"조금 있으면 수업 시작인데 어딜 가는 거야?"

친구들이 따라오면서 물었다. 모두 기성회비를 못 가져온 아이들이었다.

"교실에 들어가 봤자 쫓겨날 게 뻔해. 나한테 아주 좋은 생각이 있어."

돌콩 말에 아이들 표정이 환해졌다.

"무슨 생각인데? 말 좀 해주라."

"아냐 아냐. 돌콩한테 좋은 생각이 있다고 하잖아. 그냥 따라가 보자."

"그래그래, 돌콩 너만 믿을게."

큰 바위 앞에서 걸음을 멈춘 돌콩은 하모니카를 꺼냈다.

"세상에서 제일 멋진 하모니카야."

"우와, 하모니카다!"

"그거 어디서 났어? 네 작은형이 줬어?"

"나 한 번만 불어 보자."

아이들은 서로 먼저 불어보겠다고 난리를 피웠다.

"됐어 됐어. 싸우지 말고 사이좋게 갖고 놀아. 시간은 얼마든지 있으니까."

돌콩은 친구들이 하모니카를 실컷 불도록 내버려 두었다.

"짜아식들, 하모니카를 배우지도 않았으면서 제법 잘 부네."

돌콩은 하모니카에 빠진 친구들을 흐뭇하게 바라보았다. 어딘가에 갇힌 듯하던 간밤의 답답함은 온데간데없었다. 즐겁게 노는 친구들을 보니 가슴이 뿌듯해지고 든든한 기분까지 들었다.

"땡땡땡!"

산 아래 학교에서 수업 종이 울리는 소리가 들려왔다. 종소리는 메아리가 되어 산 전체를 울렸다.

"지금부터 우리 교실은 여기야. 여기서 수업 종이 울리면 공부를 시작하고 쉬는 시간이 되면 하모니카를 불면서 재미있게 노는 거야. 오늘 첫째 수업은 국어야. 모두 책 꺼내."

돌콩은 국어책을 우렁차게 읽기 시작했다.

"그래그래, 우리 교실은 여기야. 우리도 공부하자."

"다 함께하니까 정말 좋다."

친구들도 돌콩을 따라 책을 읽었다. 아이들은 교실에서 공부할 때보다 더 열심히 책을 읽었다. 장난도 치지 않고 오로지 공부에만 열중했다. 오늘도 햇살이 따가웠지만 나무 그늘 밑은 퍽 시원했다.

"땡땡땡!"

수업이 끝나는 소리가 들려왔다.

"수업 시작종이 울릴 때까지 맘껏 노는 거야."

친구들은 하모니카를 불거나 병정놀이를 하며 쉬는 시간을 즐겼다. 돌콩과 친구들은 마지막 수업까지 열심히 공부했다.

드디어 마지막 수업이 끝나는 종소리가 들려왔다. 아이들은 서둘러 책과 공책을 챙겼다.

"집에 가자!"

아이들은 책보를 짊어지고 산을 뛰어 내려갔다.

돌콩은 뛰어가는 친구들 뒷모습을 우두커니 바라보았다. 돈을 훔친 것이 들통나면 엄청 야단맞을 것이다. 그 돈은 도시에 나가 대학에 다니는 큰형님 학비일지 모른다.

"괜찮아 괜찮아. 까짓것 한번 야단맞으면 돼."

돌콩은 다시 용기를 냈다. 하지만 집으로 쉽사리 발걸음을 옮길 수가 없었다. 돌콩은 바위 위에 앉아 한참 동안 산 아래를 굽어보았다.

산자락을 깔고 앉은 듯 나지막한 학교가 보이고 버섯처럼 엎드린 초가가 옹기종기 모여 있다. 이팝나무 꽃이 뭉게구름처럼 마을을 에워싸고 들판에는 땅 맛을 익힌 모들이 쩟쩟하게 자라고 있다. 논두렁에서 들려오는 개구리 울음소리가 오후 햇살을 더 따갑게 했다.

"그림처럼 아름답네."

돌콩은 혼잣말로 중얼거렸다. 하지만 그 풍경 너머에는 배고프고 허기진 보릿고개가 숨겨 있다.

"고개 중에 가장 넘기 힘든 고개가 보릿고개야."

"보리방귀●라도 실컷 뀌어 볼 수 있게 보리밥이라도 배불

● 보리방귀 : 보리는 소화가 잘 안 돼 '보리방귀'라는 말까지 생겼지만 보리방귀를 연신 뀔 정도로 보리밥을 배불리 먹어보는 것이 소원이기도 했다. 오죽하면 '방귀 길 나자 보리 양식 떨어진다.'는 속담까지 있었다.

리 먹었으면 좋겠다."

이맘때면 어른들은 자주 그런 말을 주고받는다.

"정말 가난은 싫어. 우리 집이 가난하지만 않았으면 돈도 안 훔쳤을 거야……."

돌콩은 하모니카를 불며 재미있어 하던 친구들 얼굴을 떠올렸다. 도둑질은 잘못이지만 기성회비 때문에 교실에도 못 들어간 친구들을 즐겁게 해준 것은 잘한 일 같았다.

돌콩은 해가 설핏 기울도록 혼자 놀았다. 하모니카도 실컷 불고 새 알을 찾으러 나무 위에 오르기도 하고……. 친구들과 함께할 때는 시간 가는 줄 모르고 놀았는데 지금은 아니었다. 날도 더디 저물고 재미가 없었다.

슬그머니 집으로 들어가 보니 아무도 없었다.

"휴, 다행이다."

암탉은 여전히 마당을 돌아다니고, 창고 앞의 물지게도 어제처럼 비스듬히 매달려 있었다. 변함없는 집 안 풍경을 보니 마음이 좀 놓이는 것 같았다.

하루 종일 뛰어다니며 놀아서인지 몹시 피곤했다.

"아함~ 진짜 피곤하다. 오늘은 정말 긴 하루였어."

돌콩은 부모님이 돌아온 줄도 모른 채 깊은 잠에 빠졌다. 그러다 문득 한숨 소리에 정신이 번쩍 들었다.

"허어참, 그렇게 엄청난 짓을 해놓고도 세상 태평스럽게 잠을 자고 있다니. 녀석, 배짱 하나는 두둑하다."

이건 아버지의 목소리다.

"후유~ 바늘도둑이 소도둑 된다고 했는데, 우리 막내가 손버릇이 나빠질까 봐 걱정이네요."

이건 어머니 목소리다.

돌콩은 바짝 긴장했다. 눈앞이 깜깜했다. 하지만 계속 자는 척하면서 눈을 뜨지 않았다. 그렇지만 이내 생각을 바꾸었다.

'매도 먼저 맞는 것이 낫다고 했어.'

돌콩은 슬그머니 자리에서 일어났다.

"제가 도둑질을 했어요."

돌콩은 무릎을 꿇고 두 손을 번쩍 들며 말했다.

"잘못했어요. 딱 한 번만 도둑질할 일이 있었어요. 다시는 도둑질 따위는 안 할 거예요. 절대로요!"

돌콩은 고개를 푹 숙인 채 하고 싶은 말을 마저 했다.

"기성회비 못 낸 애들은 교실에 들어가 봤자 쫓겨날 거예요. 그냥 집으로 돌아가면 부모님한테 꾸중만 들을 것이고……."

부모님은 돌콩의 말을 조용히 듣기만 했다.

"우리 반에 열 명도 넘는 애들이 기성회비를 못 냈거든요. 그 애들이 갈 데가 없었어요."

부모님은 어이없는 표정으로 돌콩을 바라보았다.

돌콩은 밤이 이슥해지도록 무릎을 꿇은 채 벌을 서야 했다. 다른 사람 수저는 절대 안 쓴다고 고집을 피우거나 남이 먹던 밥은 죽어도 안 먹는다고 버티다 벌을 설 때보다 훨씬 더 오래 벌을 섰다. 돈을 훔쳐 하모니카를 산 것 때문만은 아니었다.

하필이면 낮에 담임 선생님이 가정 방문을 왔던 것이다. 아이들을 데리고 산으로 올라가 하루 종일 놀았던 일까지 다 들통나고 말았다.

아버지가 회초리로 방바닥을 탁탁 내리쳤다.

"왜 친구들까지 학교에 못 가게 해? 너 때문에 애들이 오늘 공부를 망쳤잖아!"

아버지가 그렇게 화를 낸 적은 한 번도 없었다.

"도대체 나중에 뭐가 되려고 뺀질뺀질 꾀만 부리는지 모르겠다. 허구한 날 말썽이야!"

"그러게요. 우리 막내 태몽이 참 좋았는데……."

어머니는 바느질을 하다 말고 돌콩을 바라보았다.

"백마가 말뚝에 매여 있는데 할아버지가 고삐를 주면서 타고 가라더구나. 아주 큰 말이었는데 말굽 내딛는 소리가 어찌나 우렁차던지……."

어머니는 돌콩이 크게 잘못을 저지를 때마다 태몽 이야기를 끄집어낸다. 항상 들어도 재미있는 이야기였지만 지금은 다리가 너무 저렸다. 손가락에 침을 묻혀 코에 묻혀 봐도 소용없었다.

"으, 힘들어……."

돌콩은 몸을 배배 꼬면서도 벌을 그만 서고 싶다는 말

할 수가 없었다.

"종아리 안 맞는 것만도 다행인 줄 알아라. 사내 녀석이 할 짓이 없어서 돈을 훔쳐?"

항상 돌콩 편을 들어주던 어머니까지 단단히 화가 나 있었다.

"쩨쩨한 자식, 공부 좀 잘한다고 뻐기냐? 너 같은 놈은 친구도 아냐!"
"비겁하게 남의 필통을 차지하다니. 도둑질한 놈보다 돌콩 네가 더더더 나빠."
"너희 필통도 아닌데 왜 난리야? 아무리 그래도 나는 필통 안 돌려줘. 이제 내 필통이야."
돌콩도 친구들을 노려보았다.

내 필통 돌려줘!

 어느새 여름방학이 끝나고 2학기가 시작되었다. 돌콩은 요즘 학교에 가고 싶질 않았다. 거지 같은 필통 때문이다.
 "이런 낡아빠진 필통을 쓰는 애는 나밖에 없을 거야."
 원래는 누나가 쓰던 필통이었다. 누나가 쓰던 것을 작은형이 쓰고, 다시 돌콩이 물려받았다. 사방이 찌그러지고 긁혀서 보기도 싫을 만큼 낡은 필통이다. 책보를 메고 뛰어갈 때 딸그락대는 요란한 소리는 더 싫었다.
 "이 세상에서 돌콩 필통처럼 시끄러운 필통은 아마 없을 거야."
 "나는 딸그락거리는 소리만 듣고서도 돌콩이라는 걸 금방 안다니까."

친구들은 필통이 딸그락거리는 소리만 들어도 웃음보를 터뜨렸다.

어제 승호가 새 필통을 자랑했다.

"아버지가 송아지 팔았다고 생일 선물로 사주셨어. 정말 근사하지?"

홍길동 그림이 그려진 멋진 필통이었다. 돌콩도 그런 필통을 갖고 싶었다. 하지만 부모님한테 졸라 봤자 어림없는 일이었다.

"멀쩡하게 쓸 수 있는 물건을 왜 아깝게 버려?"

찢어진 고무신, 낡은 옷, 몽당연필, 그런 것들은 조금도 부끄럽지 않다. 그렇지만 바보처럼 소리만 요란한 필통은 괜히 부끄럽다. 낡아빠진 필통이 희망이 없는 가난한 처지를 더 정확하게 알려주는 것만 같았다. 엊그제 용녀는 딸그락거리는 필통 소리 때문인지 돌콩을 보며 까르르 웃었다. 그때는 쥐구멍에라도 들어가고 싶을 정도로 부끄러웠다.

셋째 시간이었다.

"짝꿍을 새로 바꾸도록 한다."

선생님 말에 교실은 순식간에 수선스러워졌다. 돌콩의 새 짝꿍은 성수였다. 성수는 반에서 가장 착하고 순진한 아이다. 성수는 누가 뭘 달라고 하면 아까운 줄도 모르고 그냥 줘버린다. 말을 약간 더듬고, 지금까지 한글도 제대로 못 깨우쳤을 정도로 공부 실력도 별로다.

자리를 옮긴 뒤, 돌콩은 먼저 성수 필통부터 살폈다.

홍길동이 그려진 승호 필통과 비슷한 모양이었다.

"너, 너는 어, 어떻게 공, 공부를 잘해? 방, 방법이 뭐, 뭐야?"

성수는 돌콩과 짝꿍이 된 것이 좋았는지 연신 싱글벙글 웃었다. 그 순간 돌콩은 아주 좋은 꾀 하나를 생각해냈다.

"너도 공부 잘하고 싶어?"

"그, 그럼. 나도 공부 잘하면 우, 우리 부모님이 엄청 좋아하시지 않겠냐?"

돌콩은 얼른 필통을 꺼냈다.

"나하고 필통 바꾸면 앞으로 공부 잘하게 해줄 수 있어. 진짜야."

그 말에 성수는 몹시 좋아했다.

"정,정말 필, 필통을 바꾸면 고, 공부 잘하게 해, 해줄 거야? 얼른 바꾸자."

성수는 재빨리 필통을 바꾸었다.

"이, 이것도 바, 바꿔 줄게."

성수는 연필과 지우개도 바꿔 주었다.

'히히, 됐다. 성공이다!'

돌콩은 속으로 만세를 불렀다. 새 필통이 생겼다는 것이 꿈만 같았다. 그런데 호서가 시비를 걸었다.

"야, 비겁한 놈아! 네 고물단지를 저 애한테 주면 어떻게 해? 성수가 집에 가서 부모님한테 야단맞아도 상관없어? 공부만 잘하면 다야?"

자기 집이 부자라고 뻐기기만 하는 호서가 그런 말을 하니까 기분이 몹시 언짢았다. 오늘 아침에도 새 옷을 입고 와서 한바탕 자랑질을 했다. 호서는 한 번도 소리만 요란한 낡은 필통을 써 본 적이 없을 것이고, 당연히 돌콩이 왜 성수 필통을 갖고 싶어 하는지 알 턱이 없었다.

"아, 아냐. 내가 바꾸자고 했어. 돌콩이 공부 잘, 잘하게 해준다고 했단 말이야."

성수가 돌콩을 감쌌지만 친한 친구들까지 돌콩한테 화를 냈다.

"그동안 몰랐는데 정말 나쁜 놈이구나!"

"쩨쩨한 자식, 공부 좀 잘한다고 뻐기냐? 너 같은 놈은 친구도 아냐!"

"비겁하게 남의 필통을 차지하다니. 도둑질한 놈보다 돌콩 네가 더더더 나빠."

"너희 필통도 아닌데 왜 난리야? 아무리 그래도 나는 필통 안 돌려줘. 이제 내 필통이야."

돌콩도 친구들을 노려보았다. 얼마나 갖고 싶었던 필통인데, 돌려주기는 정말 싫었다. 이번에 돌려주면 새 필통은 영원히 가질 수 없을 것이다.

점심시간이 되었다. 돌콩은 혼자 밥을 먹었다. 도시락을 열면 서로 반찬을 뺏어먹으려고 야단법석을 떨었는데, 오늘은 아무도 함께 밥을 먹으려 하지 않았다. 항상 돌콩 편이던 승호까지도 아예 없는 사람 취급하듯 했다.

"내가 무슨 귀신이야. 보이지도 않는 사람 취급을 하고 있어."

돌콩은 혼자 투덜거렸다. 소리만 요란한 바보 같은 필통보다 함께 밥을 먹을 친구가 없다는 것이 더 기분 나빴다. 다른 때는 꿀맛 같던 밥맛이 오늘은 쓰기만 하다.

"치사한 자식들!"

돌콩은 괜히 책상을 확 밀어버리고 교실을 나섰다. 다른 때는 친구들이 우르르 따라왔을 텐데 오늘은 아무도 뒤따라 오지 않았다.

돌콩은 은행나무 위로 올라가 운동장에서 뛰어노는 친구들을 우두커니 바라보았다. 멋진 필통을 가졌다는 사실이 더는 즐겁지 않았다. 필통 하나 때문에 친구들과 너무 멀리 떨어져 버린 듯했다.

"다 함께 놀면 얼마나 재미있는데……."

교실로 들어온 돌콩은 성수에게 필통을 돌려주었다.

"졌다. 내 필통 돌려줘!"

"괘, 괜찮아. 그, 그냥 바꾸자, 응?"

성수는 퍽 아쉬워했다. 돌콩은 낡은 필통을 서랍에 깊숙이 넣었다.

창밖을 내다보니 까치 두 마리가 나뭇가지에 앉아 요란하게 떠들고 있다. 저 까치들도 싸웠나 보다.

언젠가 느꼈던 것처럼 바깥은 몹시 환한데도 돌콩 자신은 어두운 동굴에 갇힌 것만 같았다. 돌콩은 동굴에서 탈출할 수 있도록 근사하게 변신하면 좋겠다는 생각을 했다. 근사하게 변신하듯 빨리 어른이 되고 싶었다. 그렇지만 아무리 생각해도 어른이 되려면 아득히 먼 꿈만 같았다.

다섯째 시간은 국어였다. 선생님은 '소망'을 주제로 글짓기를 하라고 했다. 돌콩은 망설이지 않고 글을 써 내려갔다.

'나는 소망 한 가지가 있다. 우리 집이 가난하지 않는 것! 하지만 아무리 생각해도 가난을 면할 방법이 없어 보인다. 부모님은 물론이고 형님들과 누나들이 우리 집을 부자로 만들기는 불가능해 보인다. 제일 큰형님의 대학 졸업은 멀었고 나는 아직 어리다. 우리 집에는 소 한 마리도 없다. 논과 밭도 얼마 없다. 정말 우리 집이 부자가 될 희망이 없다면 뭘 바라며 살아야 하지?'

거기까지 쓰다 말고 돌콩은 책상에 엎드려 버렸다. 괜히 화가 나서 견딜 수가 없었다. 너무 속상할 때면 눈물이 나는 것처럼 가슴이 먹먹하기까지 했다.

그날 오후 돌콩은 필통 분풀이를 기어코 해버리고 말았다. 대부분의 아이들은 헝겊으로 만든 책보를 메고 다니지만 더러는 고무에 헝겊을 댄 고급 가방을 메는 아이도 있다. 대부분 읍내의 부잣집 아이들이다.

체육 시간, 당번인 돌콩은 혼자 교실을 지켰다. 그러다 문득 새 가방 하나를 발견했다. 호서 가방이 분명했다. 아까 혼자 잘난 척하던 모습이 떠올라 기분이 확 나빠졌다. 가방 안에는 새 공책도 여러 권 들어 있고, 필통도 새 것 같았다. 필통 안에는 가지런히 깎은 연필, 깨끗한 지우개, 연필 깎는 칼이 들어 있었다. 순간 왈칵 심술이 뻗쳤다.

"씨, 너네 집 부자라서 좋겠다!"

돌콩은 연필 깎는 칼로 가방을 죽 찢어 버렸다.

체육 시간이 끝나는 종소리가 울렸다. 아이들이 요란한 소리를 내며 교실로 들어왔다.

돌콩은 호서 눈치를 살폈다. 호서는 가방이 찢긴 줄도 모르고 짝꿍과 장난을 치고 있다. 호서가 가방을 본 것은 수업 시간이 끝나고 나서였다. 갑자기 호서가 울음을 터뜨렸다.

"내 가방 누가 찢었어? 서울 사는 우리 고모가 사 보낸 거란 말이야. 누가 내 가방 찢었어?"

호서가 울고불고 야단을 피웠다. 선생님이 소리를 질렀다.

"누가 호서 가방 찢은 거야? 모두 눈 감고 가방 찢은 사람은 손들어. 어서 눈 감아!"

겁에 질린 아이들은 고개를 숙인 채 눈을 감았다. 돌콩도 눈을 감았다. 커다란 돌멩이 하나가 가슴 벽을 이리저리 부

딪치며 요란한 소리를 내는 것만 같았다.

돌콩은 속으로 단단히 각오를 했다. 들켜서 어떤 벌을 받더라도 절대 손을 들지 않겠다고. 설사 나중에 들켜서 부모님이 학교에 와야 하는 사태가 벌어진다고 해도…….

괜히 화가 나서 견딜 수가 없었다.

'어른이 되면 절대 가난하게 안 살 거야. 가난은 절대 용서하지 않을 거야.'

눈물이 나려고 했지만 절대 울지 않으려고 입술을 꽉 깨물었다.

"정말 안 나올 거야!"

선생님은 회초리로 교탁을 내리쳤다. 교실에는 숨소리 하나도 들리지 않았다.

"솔직하게 말하면 용서한다. 하지만 아무도 손을 안 들면 너희 모두 집에 못 갈 줄 알아라!"

무릎 위로 뜨거운 눈물이 뚝뚝 떨어졌다. 하지만 돌콩은 눈을 꾹 감은 채 끝까지 손을 들지 않았다. 선생님이 돌콩 가까이 다가온 기척을 느꼈다. 선생님은 한동안 돌콩 옆에서 있다가 제자리로 돌아갔다.

호서 가방을 찢은 것은 잘못한 일이다. 하지만 지금 손을 든다면, 그건 가난한테 손을 드는 것 같았다. 구질구질한 옷도 싫고, 찢어진 고무신도 싫고, 낡아빠진 필통도 싫고, 다 헤진 책보도 싫고, 꼭두새벽에 고구마순이나 딸기를 머리에 이고 40리 길을 걸어 마산까지 팔러 가는 어머니도 싫고, 아무 욕심도 없이 남이 원하는 것이면 아까운 줄 모르고 다 줘 버리는 아버지도 밉고……. 다 미웠다.

"얼레리 꼴레리. 얼레리 꼴레리."
"와, 신랑 각시다!"
합창하듯 놀려대는 친구들 때문에 돌콩 얼굴은 더 빨개졌다. 용녀 얼굴은 돌콩보다 더 빨갰다.
"다, 다음에 보자……."
돌콩은 옷을 집어 들고 달아나듯 달렸다.

용녀가 나를 보고 웃었다

선생님은 호서 가방을 찢은 범인을 끝내 찾아내지 못했다. 돌콩은 혼자서 터벅터벅 교문을 나섰다.

뜨거운 햇살이 얼굴을 따갑게 내리쬐었다. 신작로에는 하얀 햇살이 가득 쏟아지고 있다. 아이들은 모두 냇가로 간 모양이다. 냇가 쪽에서 물장구치고 노는 아이들 소리가 요란하게 들려왔다.

오늘처럼 날씨가 더운 날에는 물장구를 치면서 노는 것보다 더 재미있는 일은 없다. 하지만 오늘은 그것도 싫었다. 왜가리 두 마리가 논바닥에 앉았다가 훨훨 날아가는 모습이 보였다. 돌콩은 왜가리가 날아가는 모습을 한동안 지켜보았다. 날 수 있다는 것은 멋진 일 같았다. 좀 더 넓은 세상을 구

경할 수 있을 것이고, 원하는 곳으로 얼마든지 날아갈 수 있을 것 같았다.

돌콩은 한가한 들판을 오랫동안 바라보았다. 그렇지만 답답한 가슴은 조금도 나아지질 않았다. 머리까지 엄청 무거웠다. 마음속에 커다란 바위 한 개가 괴물처럼 앉아 있는 것만 같았다. 전에는 이러지 않았는데 요즘은 시시때때 일어나는 증세였다.

돌콩은 고개를 푹 숙인 채 앞만 보고 걸었다. 그러다가 그만 누군가와 부딪치고 말았다.

"아얏!"

돌콩은 비명을 지르며 넘어졌다.

"인마! 너 눈 없어!"

중학생 형이 돌콩을 향해 흙을 확 뿌렸다. 읍내에 사는 형이었다. 저 형도 자기 집이 부자라며 걸핏하면 뻐기고는 한다. 아이들을 모아놓고 값비싼 운동화와 장난감을 자랑한 적이 한두 번이 아니다.

"형은 눈 없어!"

돌콩도 지지 않았다.

"이게 어디서 눈을 똑바로 떠! 이 운동화가 얼마짜리인지 알기나 해? 네 더러운 신발 천 개를 줘도 이런 운동화 한 짝도 못 사. 알기나 해?"

중학생 형이 가소롭다는 듯이 웃었다. 돌콩은 온몸으로 뜨거운 물이 확 끼얹어지는 것 같은 기분에 빠졌다. 자신도 모르게 두 주먹이 불끈 쥐어졌다.

"아!"

돌콩은 주먹을 날리기도 전에 무릎이 꺾이면서 푹 넘어지고 말았다. 중학생 형이 정강이를 세게 걷어찬 것이다.

"가난뱅이 자식이 이 운동화가 얼마나 비싼 것인지 알 리가 없지. 죽을 때까지 한 번도 못 신어 볼 텐데 실컷 구경이라도 해라."

얼마나 아픈지 눈물이 핑 돌 정도였다.

"한 번만 더 까불었다가는 죽을 줄 알아! 가난뱅이 자식이 어디서 까불어!"

중학생 형은 넘어진 돌콩을 향해 사정없이 주먹을 날렸

다. 돌콩은 주먹에서 벗어나려 애를 썼지만 일어설 겨를이 없었다. 돌콩은 한동안 정신을 못 차리고 그 자리에 앉아 있었다.

"야, 돌콩 왜 그래? 얼굴이 왜 그래?"

"이 코피 좀 봐!"

같은 동네에 사는 친구들이 넘어져 있는 돌콩을 발견하고 달려왔다.

"너희 나 좀 따라와. 손 좀 봐 줄 자식이 있어."

돌콩은 주먹으로 코피를 닦으며 읍내 쪽으로 달렸다. 멀리 가지는 못했을 것이다.

돌콩은 금방 중학생 형을 따라잡았다.

"잠깐 나 좀 봐."

돌콩은 팔소매를 바짝 접어 올리며 중학생 형 앞을 터억 가로막았다. 사태를 파악한 중학생 형도 덩달아 팔소매를 걷어 올리며 싸울 자세를 취했다.

"대체 나를 뭐로 아는 거야? 싸움 대장 돌콩을 우습게 여겼어!"

돌콩은 날카로운 눈초리로 중학생 형을 노려보았다.

"비겁하게 정강이를 걷어차고 넘어진 사람한테 주먹질을 해? 내가 받은 것을 돌려주러 왔다!"

돌콩은 중학생 형의 명치를 세게 때렸다.

"윽!"

주먹을 맞은 중학생 형은 배를 움켜쥐고 푹 넘어졌다. 돌콩은 싸움을 해서 진 적이 없다. 힘이 부족하면 뚝심으로라도 이겨야 직성이 풀렸다. 누군가 가난뱅이 자식이라고 놀릴 때는 절대 참지 않았다.

"나를 쳤어? 가난뱅이 자식 주제에 나를 패?"

중학생 형이 돌콩을 향해 덤벼들었다.

"돌콩 건들지 마!"

"돌콩 건들면 우리가 가만두지 않겠어!"

친구들이 우 몰려들어 중학생 형을 붙들었다. 그리고 꼬집고 때리고, 야단법석을 떨었다. 돌콩은 친구들이 고마웠다. 학교에서 필통 사건 때문에 서운했던 감정이 눈 녹듯 사라졌다.

돌콩은 중학생 형을 똑바로 보며 힘주어 말했다.

"아무리 중학생 형이라도 가난뱅이 자식이란 말을 하면 절대 참지 않을 테니까 내 말 꼭 기억해!"

중학생 형은 씩씩대며 돌콩을 노려보았다.

"뭐니 뭐니 해도 돌콩을 얕봤다가는 큰코다친다는 사실이야. 암, 그렇고말고!"

"알다시피 돌콩은 누구랑 싸워서 진 적이 없어. 그러니까 앞으로 형도 돌콩을 만만하게 보면 안 될 거야."

친구들이 한마디씩 했다.

"얘들아 이만하면 됐어. 앞으로 중학생 형들도 우리를 가난뱅이 집 자식이라고 얕잡아보진 못할 거야."

돌콩은 점잖게 친구들을 타일렀다.

"그래그래, 그만하면 됐어."

"그래그래, 오늘 돌콩이 제대로 손을 봐줬으니까 다신 안 까불 거야."

친구들이 맞장구를 쳤다.

"저 형이 복수할 텐데 어쩌지?"

승호가 소곤거리듯 물었다.

"괜찮아 괜찮아."

"우리 다 같이 힘을 합치면 저 정도 형은 아무것도 아니야. 겁먹지 마."

다른 친구들이 돌콩 대신 승호를 안심시켰다. 돌콩은 승호에게 장난감 총을 건넸다.

"오늘은 네가 대장해."

장난감 총을 받아든 승호 표정이 금방 환해졌다.

"대장은 부하들을 잘 이끌어야 돼."

돌콩 말에 승호가 우렁차게 외쳤다.

"우리 앞을 가로막는 적은 모조리 없애야 한다! 진격!"

"그래그래, 진격이닷!"

돌콩과 친구들도 우렁차게 외치며 냇가로 뛰어갔다. 냇가에는 꼬마애들이 물장구를 치며 신나게 놀고 있다. 며칠 전에 내린 비로 냇물 소리가 경쾌했다. 돌콩과 친구들은 앞 다투어 물로 뛰어들었다.

"으악 시원해!"

"물이 엄청 시원하다!"

아이들은 비명을 질렀다. 모두 팬티만 걸친 채였다. 쑥을 뜯어 귀를 막고 손으로 코를 꽉 쥐고서 오랫동안 물속에 숨어 있기는 정말 재미있다.

버드나무 가지에 앉아 있다 물벼락을 맞은 된장잠자리의 날갯짓이 분주했다. 바위 옆에서 한가롭게 자맥질을 하며 물고기를 잡던 오리들이 놀라 푸드덕 달아나고 있다. 아이들은 물풀 사이로 헤엄치는 물뱀을 쫓기도 하고, 큼직한 돌을 들어내고 가재를 잡기도 했다.

"물 폭탄 받아라!"

친구들이 한꺼번에 돌콩을 공격하기 시작했다.

"한꺼번에 공격하기 없기랬잖아!"

돌콩은 물 밖으로 달아나며 소리쳤다. 그러다 우뚝 멈춰 섰다. 바로 앞에서 용녀가 놀란 표정으로 돌콩을 보고 있다.

돌콩은 용녀와 눈이 마주친 순간 숨이 콱 막히는 것 같았다. 머리가 빙빙 돌며 어지럽기까지 했다.

"아, 안녕."

돌콩은 말을 더듬었다.

"어, 나도 안녕."

젖은 팬티 차림의 돌콩을 보고 얼굴이 빨개진 용녀가 간신히 대답했다.

"저, 저번에 놀린 것 정말 미안했어."

"언제 놀린 것 말하는 거야?"

용녀가 웃으면서 물었다.

"음, 그게 어, 언제였냐면……."

돌콩은 안절부절못했다.

"뱀, 뱀 잡아서 놀렸을 때……."

"그 사과 받아줄게. 다른 것도 사과하고 싶으면 언제든지 말해. 받아줄게."

"고, 고마워. 생각나면 말할게……."

친구들이 두 사람을 보며 큰 소리로 놀려댔다.

"얼레리 꼴레리. 얼레리 꼴레리."

"와, 신랑 각시다!"

합창하듯 놀려대는 친구들 때문에 돌콩 얼굴이 더 빨개졌다. 용녀 얼굴은 돌콩보다 더 빨갰다.

"다, 다음에 보자……."

돌콩은 옷을 집어 들고 달아나듯 달렸다. 그러다 슬쩍 뒤를 바라보았다. 용녀는 돌콩 쪽을 바라보며 입을 가리고 웃고 있다.

"용녀가 나를 보고 웃었다."

돌콩은 꿈꾸듯 중얼거렸다. 그 웃음이 눈부시게 예뻤다. 해바라기 같았다. 가슴이 더 요란하게 쿵쿵 뛰었다. 돌콩은 용녀 뒷모습이 보이지 않을 때까지 오래오래 그 자리를 지켰다. 돌콩은 집을 향해 뛰기 시작했다. 이마에서 땀이 쏟아졌지만 쉬지 않고 달렸다.

　돌콩은 얼른 일기장을 꺼냈다. 이렇게 일기를 쓰고 싶은 적은 한 번도 없었다. 오늘 겪은 일을 오래 기억하려면 일기를 쓰는 것밖에 없을 것 같았다.

　엄청 기분 좋은 날이었다. 용녀가 나를 보고 웃었다. 왜 웃었는지는 잘 모르겠다. 그렇지만 돌아서는 용녀 모습을 한참 바라보았다.

　저절로 콧노래가 흥흥 나왔다. 그날 밤, 돌콩은 초저녁별이 밝게 빛나는 밤하늘을 오랫동안 바라보며 행복해했다. 그리고 꿈속에서 용녀와 손을 잡고 즐겁게 들판을 뛰어다니는 꿈을 꾸었다. 작년 가을 운동회 때 손을 잡고 뛰었던 것처럼.

"가난뱅이 자식!"
읍내 아이들은 산골에 사는 아이들을 보면 그런 말을 거침없이 내뱉었다. 그 말은 가난한 집 아이들이 가장 참기 힘들어하는 말이다. 그래서 읍내에 사는 부잣집 아이들과 가난뱅이 산골 출신의 아이들은 패를 나눠 싸움을 벌이는 날이 많았다.

가난뱅이 자식!

돌콩이 중학생 형을 혼내 주었다는 소문은 금방 퍼졌다.

"그날 얻어맞은 중학생 형이 돌콩만 보면 슬슬 뒷걸음을 친다고 해."

"그 형만 그런 것이 아니라 다른 형들도 똑같아. 까불다 돌콩한테 걸리면 한 방에 쌍코피 터질걸."

중학생 형을 혼내 준 뒤로 그런 비슷한 일이 또 있었다. 돌콩 친구한테 책가방을 들게 한 중학생 형의 멱살을 잡고 혼내 준 것이다.

"돌콩이 멱살을 잡으니까 덩치 큰 중학생 형이 실눈을 뜨고 노려보기만 하더라니까."

"돌콩이 그 애를 놔둬! 소리치면서 달려가더니 중학생 형

멱살을 확 움켜쥐는 거야. 정말 멋졌어."

　친구들은 서로 그 상황을 흉내 내며 돌콩을 자랑스러워했다. 그 뒤로 돌콩은 주먹 대장으로 통했다. 돌콩은 그런 소문이 싫지 않았다. 앞으로는 가난뱅이 자식이라는 놀림도 덜 받을 것 같았다.

"가난뱅이 자식!"

읍내 아이들은 산골에 사는 아이들을 보면 그런 말을 거침없이 내뱉었다. 그 말은 가난한 집 아이들이 가장 참기 힘들어하는 말이다. 그래서 읍내에 사는 부잣집 아이들과 가난뱅이 산골 출신의 아이들은 패를 나눠 싸움을 벌이는 날이 많았다. 그럴 때마다 돌콩은 산골 아이들의 대장이 되어 읍내 아이들을 혼내 주고는 했다. 자연히 부잣집 아이들은 돌콩을 보면 슬금슬금 피하거나 시비 걸 엄두를 내지 못했다.

겁낼 일이 줄어드니까 장난치는 것이 더 재미있었다. 하고 싶은 장난을 하면서 사는 것은 재미있는 일이 분명하다.

그런데 가끔씩 친구들과 장난을 치거나 패싸움을 벌이는 일이 무조건 기분 좋지만은 않았다. 함께 어울려 노는 일은 더할 나위 없이 즐겁지만 뭔지 모르게 주눅이 들 때도 있다. 어리석게도 판판이 깨지는 싸움을 하며 사는 것 같았다. 이러면서 언제 어른이 될 준비를 하나……. 그런 생각이 들 때면 다시는 주먹질을 하지 말자고 다짐하기도 한다.

가끔씩은 형의 교복을 입어 보며 중학생이 된 모습을 상상해 보기도 했다. 정말 근사할 것 같았다.

"주먹 대장 소리는 절대 좋은 소리가 아냐. 나는 멋진 중학생이라는 소리를 들을 거야!"

멋진 중학생, 멋진 고등학생, 그리고 먼 훗날에는 큰형처럼 멋진 대학생이 되어 있을 모습은 상상만으로도 기분이 좋았다.

하지만 그때뿐이었다.

누군가 또다시 가난뱅이라고 무시를 하면 여전히 참을 수가 없었다.

"가난뱅이로 태어나고 싶은 사람이 어딨어!"

"가난뱅이 자식이면 무시당해도 되는 거야!"

세상에서 가장 불행한 것이 가난이고, 세상에서 가장 용서할 수 없는 것이 가난 같았다. 가난뱅이라서 공부도 못한다는 말은 듣기 싫었다.

그래서 무엇이든지 잘하려고 노력했다. 공부는 물론이고 그림도 잘 그리고, 노래도 잘하고, 글짓기도 제일 잘하려고 했다.

오늘은 붓글씨 대회가 열리는 날이었다. 돌콩은 붓글씨 실력도 무척 좋았다. 학교에서 돌콩 실력을 따라잡을 아이는 한 명도 없을 정도였다.

"자, 나눠 준 종이에 붓글씨를 쓰도록! 한 번 틀리면 다시 종이를 줄 수 없다!"

붓글씨 담당 선생님 말을 들으며 돌콩은 마음을 가다듬었다.

"한 자라도 틀리면 끝장이야."

돌콩은 정신을 바짝 차리고 붓에 먹물을 묻혔다. 그런데 너무 힘주어 썼던가 보다. 글씨가 별로 마음에 들지 않았다. 다시 종이를 달라고 하고 싶었지만 포기해야 했다.

'할 수 없지 뭐. 종이를 다시 얻을 수가 없잖아.'

돌콩은 종이를 들고 앞으로 나갔다. 그런데 붓글씨 담당 선생님이 자기 아들의 붓글씨를 보더니 새 종이를 내주었다.

"글씨가 영 안 좋아. 다시 써라."

그렇게 말하는 소리가 들렸다.

"김영일 1등, 노무현 2등!"

심사 결과는 돌콩이 2등이었다. 붓글씨 담당 선생님 아들인 김영일이 1등이었다.

"이건 참을 수가 없어!"

돌콩은 너무 화가 나서 상을 받지 않기로 결심했다.

"어린놈이 왜 이렇게 건방져?"

붓글씨 담당 선생님은 절대 상을 받지 않겠다고 버티는 돌콩의 뺨을 사정없이 때렸다.

"돌콩, 너 왜 이러는 거야?"

놀라 달려온 담임 선생님이 물었다.

"네 실력이 영일이보다 뒤떨어진다는 생각은 왜 못해?"

담임 선생님도 몹시 화를 냈다.

"네가 그렇게 버릇없는 놈인지는 정말 몰랐다."

"너무 억울하단 말예요. 가난뱅이 자식은 실력이 좋아도 뒤로 밀려야 해요?"

아무것도 모른 채 야단만 치는 선생님도 야속했다. 돌콩은 왜 자신이 상을 안 받는지에 대해서는 설명하지 않았다. 그 순간만은 담임 선생님도 옆 반 선생님과 조금도 다를 바

없어 보였다. 돌콩이 가난한 집 자식이라서 무시하는 것만 같았다.

"왜 그렇게 모가 났어! 모난 돌이 정 맞는다는 말도 못 들었어?"

선생님이 이렇게 화를 내는 모습은 처음이었다.

"못난 놈이 남 탓하고, 못난 놈이 나 잘했다는 말만 앞세우는 거야!"

"선생님은 아무것도 모르세요!"

돌콩은 따지듯 소리쳤다.

"선생님이라고 부르지도 마라! 그동안 나는 내 제자 중에서 네 놈이 가장 똑똑하고 특별나다고 생각했는데, 오늘 정말 실망했다! 실망했어!"

"……."

돌콩은 눈물을 보이지 않으려고 입술을 굳게 다물었지만 오늘만큼은 소용없었다.

"가만히 널 지켜보니 힘세고 주먹 센 것밖에 자랑할 것이 없는 녀석이다."

선생님은 목청을 가라앉히고 조용히 말했다.

"너는 네가 놓인 환경대로만 살아가고 있어. 스스로 너를 변화시키려는 노력은 눈곱만큼도 생각하지 않으면서 가난한 처지만 원망하고 있어. 사람은 어떤 환경에 놓였건 자기 자신을 바꾸는 것은 스스로 해야 하는 일이다. 이제 그만한 것쯤 알 나이가 됐잖아? 언제까지 철없는 짓만 하고 살 작정이냐?"

"……"

"링컨도 오두막집에서 태어나 공부도 제대로 못할 정도로 가난하게 자랐다. 그래도 세상을 위해 가장 훌륭한 일을 해낸 위인이 됐어. 주먹이나 믿고 애들 몰고 다니면서 패싸움이나 하고! 자라서 깡패나 될 작정이야? 공부만 잘한다고 사람인 줄 알아! 너 같은 사고뭉치 우등생은 어디에도 쓸 데가 없어! 뭘 잘못했는지 반성하고 있어!"

선생님 목소리가 몹시 단호했다.

혼자가 된 돌콩은 미동도 하지 않은 채 자리를 지켰다. 돌콩은 공부가 정말 재미있었다. 열심히 공부해서 큰형님처럼 대학에도 가고, 사회에 나가 멋진 일을 하며 살고 싶었다. 하지만 가난한 집안 사정은 돌콩의 앞을 사사건건 가로막기만 하는 것 같았다.

"막내가 중학교에 가야 하는데 큰일이에요."

"우리 형편에 맞춰서 하면 되니까 너무 걱정 말아요. 어떻게 되겠지."

엊그제 돌콩은 부모님이 주고받는 이야기를 들었다.

동네에 사는 대부분의 형들은 국민학교를 졸업하면 공장에 취직을 하거나 남의 상점에 들어가 일을 배웠다. 누나들도 식모살이를 떠나거나 공장에 취직을 했다.

6학년 1학기가 끝나고 2학기가 시작되자 군데군데 빈 책상이 생겼다. 미처 졸업도 하기 전에 도시로 돈을 벌러 간 아이들의 책상이다.

"잘 있겠지……."

돌콩은 빈 책상을 보며 혼자 중얼거리고는 했다. 마음이 천근만근 무겁다는 말이 무슨 뜻인지 잘 알 것 같았다. 어쩌면 돌콩도 학교를 졸업하면 공장이나 남의 상점에 취직을 해야 될지도 모른다. 지금처럼 기분이 울적할 때면 친구라도 곁에 있으면 위로가 될 텐데, 요즘 친구들은 눈코 뜰 새 없이 바쁘다. 공부 때문이 아니라 집안일 때문이다.

"아버지가 얼른 와서 논에 피 뽑으러 가자고 하셨어."

"소 꼴 베러 가야 돼. 우리 소가 새끼를 가졌거든."

"산에 나무하러 가야 돼. 미안해."

이제 친구들은 어른 몫의 일을 해내느라 결석하는 일도 잦았다. 그러느라 함께 놀 시간이 별로 없다.

엊그제 돌콩은 일기장에 이렇게 적었다.

초가집이 변해 기와집이 될 수 있고, 흙 담장이 변해 벽돌담이 될 수 있다. 이뤄내고야 말겠다. 내가 크면 전 인류의 등불이 되겠다. 그게 안 되면 10명의 등불이라도 될 것이다.

"사고뭉치 우등생……."

돌콩은 좀전에 선생님이 했던 말을 읊조렸다. 선생님 말대로 아무짝에도 쓸모없는 사람 같았다. 하루가 멀다 하고 말썽을 부리고, 화가 나면 주먹부터 앞세우고, 주먹 대장이라는 말에 어깨를 으쓱거리고…….

"사고뭉치가 무슨 재주로 인류 등불이 될 수 있겠어. 열 명은커녕 나 자신도 못 구하는 멍청이가 될지 몰라."

텅 빈 운동장에는 벌써 땅거미가 내려앉고 있다. 저녁나절이 되어서인지 새들 소리도 잦아든 것 같았다.

돌콩은 놀이 내려앉은 운동장 한가운데에서 한동안 꼼짝하지 않았다. 혼자라는 사실이 싫지만은 않았다. 얼마 전까지만 해도 혼자 있으면 심심했는데 요즘은 오히려 좋기도 했다. 마음도 차분하게 가라앉는 듯했다.

돌콩은 터벅터벅 교문을 나섰다. 그리고 교문 밖에서 한참 망설이다가 선생님 자취방 쪽으로 걸음을 옮겼다. 선생님 자취방은 학교에서 별로 멀지 않았다. 그동안 선생님은 돌콩 집이 너무 멀다는 것을 알고 자취방으로 데리고 가 잠을 재워 주거나 공부를 가르쳐 주고는 했다. 돌콩에게 노력하면 뭐든지 할 수 있다는 자신감을 심어 준 것도 선생님이다. 그런데 그런 선생님을 실망시키고 말았다. 선생님은 기다리기라도 한 것처럼 대문가에서 돌콩을 맞았다.

"선생님, 실망시켜 드려서 죄송합니다."

"방에 들어가 있거라."

부엌으로 들어갔다 다시 나온 선생님 손에는 밥상이 들려 있었다.

"어서 밥 먹자. 고집 피우느라 점심도 굶었을 것 아니냐."

선생님은 돌콩 손에 수저를 쥐어 주었다.

"너는 돌콩이라는 별명답게 충분히 똑똑하고 영리한 아이다. 나는 네가 훗날 큰 바위가 될 수 있다고 믿는다."

돌콩은 선생님 말에 가슴이 뜨끔했다. 큰 바위라는 말이 마음을 무겁게 했다.

선생님은 새호 가방을 찢은 일이며 중학생 형들과 패싸움을 벌인 일들을 모두 알고 있을지도 모른다.

"잘못했지만 너무 화가 나서 견딜 수가 없었습니다."

돌콩은 낮에 있었던 일을 사과했다.

"세상에는 여러 종류의 사람이 산다. 착한 사람이 있는가 하면 사나운 사람도 있고, 친절한 사람, 쌀쌀맞은 사람, 정이 많은 사람, 참 많은 사람들이 산다. 나는 너를 믿는다. 너는 온실에서 자라지 않았다. 햇볕이 쨍쨍 내리쬐는 들판에서 자란 들꽃처럼 끈기 있고, 강하게 자랐다고 생각한다. 이제부터 독풀이 될 것인지, 꼭 필요한 약초 같은 사람이 될 것인지는 네가 결정할 일이다."

선생님의 말이 탱자 가시처럼 날카롭게 가슴을 긁었다. 가난한 집안 사정을 확인할 때마다 왜 매번 가슴이 답답하고 머리까지 무거워지는지 모를 일이다.

"앞으로는 선생님 실망시키지 않도록 노력하겠습니다."

돌콩은 개미만 하게 말했다.

"제 별명은 돌콩입니다. 아마 여기 계신 여러분은 제 이름인 노무현보다 제 별명인 돌콩이 더 익숙할 것입니다. 돌콩은 작지만 단단하게 생겼다고 해서 붙은 별명입니다. 이 돌콩이 여러분을 위해 최선을 다할 수 있는 기회를 주십시오! 그래서 제가 절대 풋콩이 되지 않도록 도와주십시오! 작지만 절대 용기를 잃지 않는 단단한 돌콩이 되도록 노력하겠습니다! 제 이름이 절대 부끄럽지 않도록 최선을 다할 것입니다!"

내가 전교 회장이라고?

첫째 시간이 끝나고, 선생님이 돌콩을 불렀다.

"너한테 정말 중요한 말을 해야겠으니 학교 끝나거든 우리 집에 꼭 왔다 가거라."

저녁 무렵, 돌콩은 영문을 모른 채 선생님 집으로 향했다.

"전교 회장에 출마해라. 너라면 충분히 회장을 해낼 수 있을 것이다."

"전교 회장에 출마하라고요?"

돌콩은 깜짝 놀랐다. 한순간 누가 남폿불*을 확 꺼버린 것처럼 눈앞이 깜깜했다.

• 남폿불 : 남포등에 켜 놓은 불.

전교 회장! 꿈에도 생각 못한 일이었다.

"왜 대답을 안 하는 거냐?"

선생님이 다시 물었지만 돌콩은 입을 다물었다. 전교 회장이 되면 어머니는 학교에 자주 와 봐야 될 것이다. 그렇지만 어머니는 아침 일찍 장사를 나갔다가 오후 늦게서야 돌아오고는 한다.

"저는 자신이 없습니다."

전교 회장은 읍내에 사는 부잣집 아이들이나 할 수 있는 자리 같았다. 자신처럼 가난뱅이 자식이라고 손가락질 받는 아이는 해서는 안 될 자리 같았다.

"왜 안 하겠다고 하는지 설명을 해봐라."

선생님이 말했다.

"저는 자신이 없습니다."

돌콩은 여전히 같은 대답을 했다.

"왜 집이 가난해서? 가난뱅이 집 자식이라서?"

"……."

"왜 대답을 안 하는 거냐?"

"……."

"4학년 때도 반장 하라는 담임 선생님 말씀에 싫다고 울고불고 난리를 피웠다면서? 또 그럴 거야?"

"저희 집은……."

"변명은 그만둬!"

돌콩은 기성회비도 제대로 못 내는 가난한 집에서는 자식이 반장이나 회장이 되는 것도 별로 반가워하지 않는다는 말을 쉽게 할 수가 없었다.

"가난이 자랑인 줄 아느냐? 너는 가난을 무슨 무기처럼 휘두르며 살면서 가난을 극복하는 방법은 전혀 생각하지 않고 있어. 언제까지 가난을 자랑처럼 여길 거야!"

돌콩은 아무 대답도 하지 못했다. 가난을 자랑으로 여기느냐는 선생님 말씀이 너무 충격이었다. 하지만 가난이란 제아무리 힘센 장사도 무너뜨릴 수 없는 거대한 둑 같기만 했다.

"앞으로도 너희 집은 가난하게 살 수밖에 없을지 모른다. 그러면 너는 그 가난에 분노만 하면서 살 작정이냐?"

선생님은 더 엄한 목소리로 돌콩을 꾸짖었다.

"세상에는 가난을 운명인 양 여기는 사람은 참으로 많다. 그러나 가난에 굴복하지 않고 당당하게 맞서 싸운 사람 또한 많다. 너는 어떤 사람이 되고 싶은 것이냐? 링컨 같은 사람이 될 것인지 주먹 자랑이나 하는 깡패로 살 것인지, 그건 네 판단에 달렸다."

선생님이 돌콩을 뚫어져라 바라보았다.

울고 싶은 감정이 목까지 차올라 온몸이 뻣뻣하게 굳는 것만 같았다. 돌콩은 용기를 내어 입을 열었다.

"전교 회장은 학교를 위해 정말 많은 일을 할 수 있는 사람이 해야 될 것 같습니다. 그런데 저는……."

"못난 놈! 그런 용기도 없어! 내가 너를 잘못 본 거냐?"

선생님은 몹시 실망하는 표정이었다. 한동안 침묵이 흘렀다. 돌콩은 답답하고 두려웠다. 뭔지 몰라도 전혀 새로운 일이 닥쳐오는 것만 같았다.

머리와 힘만 믿고 까불며 살았던 지금까지와는 전혀 다른 무엇. 그 무엇이 힘들고 어렵다고 포기한다면 그건 가난

에 무릎 꿇는 것과 조금도 다를 바 없을 것 같았다. 한 가지 분명한 것은 절대 가난에 무릎 꿇고 비겁하게 살기는 싫다는 사실이었다. 마침내 돌콩은 그 새로운 일을 받아들이기로 마음먹었다.

"……해보겠습니다."

돌콩은 용기를 내어 말했다. 그런데 막상 결정을 내리고 나니까 좀전과 달리 마음이 평온해지는 것 같았다.

"잘된다는 보장은 없다. 다만 포기하는 것보다 도전하는 것이 백배는 낫다는 사실을 잊지 마라."

선생님이 돌콩 머리를 쓰다듬었다.

"오늘은 늦었으니 자고 가거라."

선생님이 그렇게 말했지만 돌콩은 인사를 하고 대문을 나섰다. 혼자 있고 싶었다.

얼마 전에 초승달이었던 것 같은데 어느새 보름달이 휘영청 밝게 떠 있었다. 돌콩은 보름달이 비춰주는 길을 따라 발걸음을 옮겼다. 혼자서, 그것도 달빛이 환한 길을 따라서 먼 길을 걸었던 적은 없었던 것 같았다. 하지만 외롭다는 생

각은 들지 않았다. 오히려 머릿속은 전에 없이 맑았다. 뭔가 무거운 것을 내려놓기라도 한 듯 가슴도 홀가분했다.

"벌써 우리 집에 다 왔네."

돌콩은 마을 어귀에서 걸음을 멈추었다. 대낮처럼 환한 달빛이 마을을 조용히 비추고 있다. 그 모습이 참으로 평화스러워 보였다. 돌콩은 크게 심호흡을 했다.

뭔가 소중한 것이 돌콩을 향해 성큼성큼 다가오는 것만 같았다. 어쩌면 이런 소중한 느낌의 시간은 길지 않을지도 모른다. 마치 소중했던 주머니칼과 물총이 어느 순간 망가지고 사라진 것처럼. 하지만 돌콩은 이런 기분을 오래 기억하자고 다짐했다.

"괜찮아 괜찮아. 그래 한번 해보는 거야!"

돌콩은 맑은 밤공기를 깊숙이 들이마셨다.

드디어 전교 회장 선거 날, 권민호가 먼저 연설을 했다.

권민호 집은 소문난 부자다. 방앗간도 하고, 논과 밭도 많고, 소도 다섯 마리 넘게 키운다고 한다. 그 집에서 머슴으로 일하는 사람이 세 사람이나 되었다. 권민호는 학교를 위해서 많은 것을 하겠다는 약속을 했다. 돈이 없으면 절대 못할 일들이었다.

"2번 후보 노무현 차례입니다."

돌콩은 마이크에서 이름이 흘러나오자 씩씩하게 연단으로 올라갔다.

"저는 흉년이 들면 까마귀도 먹을 것이 없어서 울고 가는 깊은 산골에서 태어났습니다."

그렇게 시작한 돌콩의 연설에 운동장에 모인 5백여 명의 학생은 모두 숨을 죽였다.

"저는 앞으로 여러분의 봉화지기가 될 것입니다. 여태껏은 가난뱅이라는 놀림만 받아도 주먹부터 앞세운 사고뭉치 우등생이었습니다. 그러나 앞으로는 돈이 없어도 학교와 여러분을 위해 할 수 있는 일이 얼마든지 많다는 것을 보여주겠습니다. 돈 있는 부잣집 아이가 돈 없는 가난뱅이 집 아이를 절대 얕보지 못하게 하겠습니다. 돈 없는 가난한 집에서 태어났어도 할 수 있는 일이 많다는 것을 보여주겠습니다."

돌콩은 목소리에 더욱 힘을 주었다.

"제 별명은 돌콩입니다. 아마 여기 계신 여러분은 제 이름인 노무현보다 제 별명인 돌콩이 더 익숙할 것입니다. 돌콩은 작지만 단단하게 생겼다고 해서 붙은 별명입니다. 이 돌콩이 여러분을 위해 최선을 다할 수 있는 기회를 주십시오! 그래서 제가 절대 풋콩이 되지 않도록 도와주십시오! 작지만 절대 용기를 잃지 않는 단단한 돌콩이 되도록 노력하겠습니다! 제 이름이 절대 부끄럽지 않도록 최선을 다할 것입니다!"

마이크 밖으로 튀어나온 돌콩의 목소리가 쨍강쨍강 울리며 운동장으로 퍼져나갔다.

"이 자리에서 하는 모든 약속은 여러분께만 하는 약속이 아닙니다. 바로 저 자신에게 똑바로 들으라고 하는 소리이기도 합니다!"

박수 소리가 오랫동안 그치지 않았다.

"잘했다! 잘했어!"

선생님이 연설을 마치고 내려오는 돌콩 어깨를 다독였다.

따뜻한 햇살이 돌콩 얼굴로 가득 쏟아졌다.

"돌콩, 진짜 진짜 잘했어!"

"그래그래, 우리랑 다 함께 힘을 모으면 얼마든지 잘 해 낼 수 있어."

"아무 걱정하지 마. 우리가 있잖아!"

친구들이 돌콩을 격려했다.

"엄청 잘했어. 그렇게 무슨 일이든 자신 있게 하면 돼. 아주 잘한 거야."

돌콩은 힘주어 말했다. 그 말은 돌콩이 자신에게 하는 말이었다. 처음으로 자신을 칭찬하는 소리이기도 했다.

"노무현! 전교 회장 당선!"

돌콩 이름이 운동장을 쩌렁쩌렁 울렸다.

"정말 잘했어! 돌콩 축하한다!"

"난 돌콩 네가 회장이 될 줄 알았어!"

친구들이 돌콩을 에워싸며 축하해 주었다.

"내가 전교 회장이라고?"

돌콩은 그저 어리둥절할 뿐이었다.

와~ 박수 소리가 요란하게 터졌다. 그 소리는 그동안 돌콩이 들었던 천둥소리보다 더 힘차고 요란한 소리였다.

가슴이 몹시 벅찼다. 돌콩은 고개를 들고 하늘을 보았다. 참매 두 마리가 짙푸른 창공에서 훨훨 날고 있다. 오늘 따라 참매의 씩씩한 날갯짓이 유난히 씩씩해 보였다.